AF480765

DYBBOOKS

Los primeros meses previos al matrimonio pueden estar tan llenos de alegría, anticipación y emoción que muchas personas no se toman el tiempo para conocer realmente a su pareja. Es posible que no se den cuenta de lo diferentes que son hasta después de colocar el anillo en su dedo. Es por eso que hacerle a su futura pareja las preguntas correctas es tan vital para las parejas que quieren un matrimonio saludable porque les da a ambos la oportunidad de hablar de todo.

Estas preguntas revelan expectativas e inquietudes y ayudan a cada persona a comprender las necesidades y esperanzas de su ser querido. Un recurso perfecto para iglesias, consejeros, parejas de novios y hombres y mujeres jóvenes que sueñan con un matrimonio para siempre.

Este libro cubre preguntas sobre estos temas:

Preguntas sobre Comunicación
Preguntas sobre la familia
Preguntas sobre estilo de vida
Preguntas sobre sexo
Preguntas sobre trabajo y carrera
Preguntas sobre Entretenimiento
Preguntas sobre Gestión Financiera
Preguntas sobre Manejo de conflictos
Preguntas sobre Religión y espiritualidad
Preguntas sobre Salud
Preguntas adicionales

Familia

1   Antes de casarte, ¿quieres tener un contrato prenupcial? ¿Por qué sí o por qué no?

2   Estás cerca de tu familia?

3   Alguna vez te has separado de tu familia?

4   Con qué frecuencia le gustaría visitar a su familia?

5   Con qué frecuencia le visitará la familia de su pareja?

6   Tiene antecedentes familiares de enfermedades o anomalías genéticas?

7   Te llevas bien con tu familia?

8   Valoras las opiniones de tus padres o familiares?

9   Crees que la familia de tu pareja es demasiado intrusiva?

10   Crees que es importante que tú y tu pareja tengan una buena relación con las familias del otro?

11   Tiene antecedentes familiares de enfermedades o anomalías genéticas?

12 Qué pasaría si uno de los miembros de tu familia dijera que no ama a tu pareja?

13 Tuviste que romper con alguien debido a disputas familiares?

14 Cómo manejaría las visitas familiares durante las vacaciones?

15 Al tomar una decisión importante, ¿sientes la necesidad de consultar primero con tu pareja?

16 Los problemas familiares no resueltos o continuos han sido alguna vez una razón para la ruptura de una relación?

17 Si los padres de tu pareja se enfermaran, ¿te importaría acogerlos?

18 Crees que algunos de tus miedos, preocupaciones o tu salud mental se ven afectados por algo que sucedió en tu infancia?

19 Qué es lo más hiriente que te han dicho tus padres?

20 Con qué frecuencia le gustaría visi-

tar a la familia de su pareja?

21   Importa si a tu familia le gusta tu pareja?

22   Tus padres peleaban mucho? ¿Cómo resuelven una disputa? ¿Crees que actúas de la misma manera?

23   Tus padres todavía tienen influencia en tus decisiones?

Comunicación

1   Alguna vez tu pareja te guarda rencor?

2   Crees que encuentras fallas en tu pareja?

3   Tu pareja te decepcionó? ¿Te lastimó?

4   Cómo te comunica tu pareja su amor por ti?

5   Cómo te hace sentir seguro y aceptado tu pareja?

6   Cuál es la forma más efectiva de llamar tu atención?

7   Cuánto tiempo pasas al teléfono todos los días?

8   Tienes un número de teléfono no registrado? ¿Si es así por qué?

9   Cómo te sientes cuando tu pareja no está de acuerdo contigo?

10   Alguna vez te parece que tu pareja te critica?

11   Cómo te sientes acerca de compartir tus sentimientos con tu pareja?

12   Cómo te sientes cuando tu pareja no está de acuerdo contigo?

13   Qué admiras de la forma en que tu madre y tu padre se tratan?

14   Cómo tratas a tu pareja cuando está molesto?

15   Estás dispuesto a decirle a tu pareja si tienes un problema?

16   Le dirías una mentira piadosa a tu pareja para evitar herir mis sentimientos?

17   Crees que tu pareja regaña demasiado?

18   Alguna vez tu pareja te ha decepcionado o te ha causado dolor?

19   Te consideras un comunicador o una persona privada?

20   En qué circunstancias no contestarías el teléfono?

21   Ha sido alguna vez la comunicación una razón para romper una relación?

22   Considera resueltas sus disputas has-

ta ahora con su pareja o siguen afectando su relación?

23   Estás dispuesto a decirle a tu pareja cuando estás estresado?

24   Qué harías para hacer sonreír a tu pareja?

25   Hubo alguna vez algo que no querías decirle a tu pareja?

26   Cuál es la mejor manera de comunicarte sentimientos difíciles sin ofenderte?

27   Cómo resolveremos las cosas sin entrar en combate?

28   Alguna vez temes que tu pareja te juzgue?

29   Alguna vez tu pareja te ha guardado secretos?

30   Tienes problemas de confianza con tu pareja?

31   Qué puede hacer que no quieras hablar con tu pareja?

32   Qué tipo de discusión siempre qui-

eres tener con tu pareja?

33   Qué sucede después de que tú y tu pareja discuten?

34   Tu pareja tiene problemas para disculparse?

35   Crees que podrás comunicarte con tu pareja en cualquier circunstancia y sobre cualquier tema?

Estilo de vida

1   Dónde prefieres vivir?

2   Cuál es su relación con el tabaco, las drogas y la bebida?

3   Cómo dividiremos las responsabilidades?

4   En qué tipo de casa quieres vivir? -casa, apartamento, etc.-

5   Eres una persona introvertida o extrovertida?

6   Está de acuerdo en contratar a un asistente, utilizar la limpieza?

7   Cómo te sientes acerca de los estándares de limpieza y orden de tu pareja?

8   Cuánto tiempo esperas que pase tu pareja?

9   Cuál es su idea de una división justa del trabajo en su hogar?

10   Prefieres las zonas urbanas o rurales?

11   Cuánto dinero necesitas para vivir el estilo de vida que quieres?

12   Te consideras una persona tranquila o eres más del tipo decidido?

13   Qué te gusta hacer después del trabajo?

14   Cuánto dinero te gusta gastar o ahorrar?

15   Qué tan importante es el ejercicio en tu vida?

16   Cuántas horas de sueño necesitas cada noche?

17   Te gusta trineo tus fines de semana?

18   Qué piensas de mis amigos solitarios? ¿Te parece bien si salgo de fiesta con ellos de vez en cuando?

19   Quién comprará y cocinará en nuestra relación?

20   Con qué frecuencia planea comer fuera? ¿Qué restaurantes te gustan más?

21   Te gusta cocinar o pedir?

22   Te gusta ducharte y vestirte con ropa limpia todos los días, incluso los fines de semana o las vacaciones?

23   Cuántos viajes prefieres hacer con tu pareja?

24   Prefieres vivir en la ciudad, en el campo o en la playa? ¿Por qué?

25   Cómo es tu día libre perfecto?

26   Con qué frecuencia te gusta ir a fiestas?

27   Eres hábil con herramientas y herramientas eléctricas, o confías en servicios profesionales?

28   Cómo son tus vacaciones ideales?

29   Cuál es tu idea de la relajación perfecta?

30   Tener un auto o una casa o algo material ha sido alguna vez una razón para romper una relación?

31   Eres una persona físicamente cariñosa?

32   Si de repente fuera escandalosamente rico, ¿cambiaría significativamente su vida? En caso afirmativo, ¿cómo lo cambiarías?

33   Cuál es tu estación favorita del año?

34   Prefieres estar despierto durante el día o la noche?

35   Cómo asignaría justamente las tareas del hogar?

Sexo

1   Te sientes cómoda tomando la iniciativa a la hora de tener sexo? ¿Si es así por qué? Si no, ¿por qué?

2   Cuáles son tus expectativas sexuales?

3   Hay algo que falta en su relación sexual?

4   Me dirás si no estás satisfecho sexualmente?

5   Qué necesitas para prepararte para el sexo?

6   Crees que el componente físico en esta relación será suficiente para ti?

7   Hablarás abiertamente de tu enamoramiento por alguien (si sucede) antes de que suceda algo significativo "al margen"?

8   Cómo lo manejarías si tu vida sexual se volviera aburrida?

9   Cuáles son tus expectativas con respecto al sexo?

10 Te sientes cómodo hablando abiertamente sobre sexo? Si no, ¿por qué es eso?

11   Alguna vez has dudado de tu sexualidad?

12   Es la fidelidad sexual una condición primordial en un buen matrimonio?

13   Qué es lo que más te gusta del sexo?

14   Suele estar de humor para el sexo?

15   Usas el sexo como una salida? Si algo te molesta, ¿usas el sexo para tratar de ayudarlo a sentirse mejor?

16   Cuántas veces quieres tener sexo con tu pareja?

17   Qué es lo que más te atrae y emociona?

18   Es el sexo para ti un método para aliviar el estrés?

19   Alguna vez has usado el sexo anteriormente para apaciguar a tu pareja o evitar un tema?

20   Usted y usted priorizan el sexo?

21   Crees que puedes confiar en mí lo suficiente como para hablar de nuestras diferencias, miedos o fantasías sexuales?

22 Hay algo inusual que deba saber?

23 Qué tipo de sexo te gusta tener?

24 Cuál es tu posición sexual favorita?

25 Alguna vez has roto con una pareja por malas relaciones sexuales?

26 Estás de acuerdo en renunciar a las cosas que te atraen fuera de nuestra relación antes de que se desarrolle algo significativo?

27 Eres abierto con tu pareja en términos de sexo?

28 Cuál es el período ideal para el sexo?

Trabajo y
carrera

1   Estás trabajando en lo que querías?

2   Qué tanto apoyas las metas profesionales de tu pareja?

3   Cuáles son tus metas profesionales?

4   Dónde ves tu carrera dentro de 10 años?

5   Cuánto tiempo pasas en el trabajo?

6   Cuántas horas a la semana trabaja usted?

7   Qué tan apasionado eres por tu carrera?

8   Qué implica tu trabajo? (Por ejemplo, viajes, trabajo desde casa, tareas peligrosas...)

9   Qué pasa si tu pareja no soporta su situación profesional y necesita un descanso?

10   Cuál es el trabajo de tus sueños?

11   Crees que el equilibrio entre el trabajo y la vida puede poner a prueba tu relación con tu pareja?

12   Eres un adicto al trabajo?

13   Priorizas el trabajo sobre otros aspectos de tu vida?

14   Siempre estás deseando aprender algo nuevo?

15   Qué consideras más: tu profesión o tu pasión?

16   Cuáles son tus aspiraciones profesionales?

17   Cuál es su plan de jubilación? ¿Qué piensas hacer cuando dejes de trabajar?

18   Qué hacer si tu pareja no encuentra trabajo por mucho tiempo o necesita un descanso "profesional"?

19   Cuáles son sus metas profesionales para el futuro cercano y lejano?

20   Alguna vez te han despedido?

21   Te importaría mudarte si tu pareja tuviera que mudarse por su trabajo?

22   Qué te gustaría hacer cuando estés jubilado?

23   Alguna vez has dejado un trabajo repentinamente? ¿Alguna vez has cam-

biado de trabajo?

24 Entenderías si tu pareja trabajara horas extras durante largos períodos de tiempo?

25 Consideras tu trabajo una carrera o simplemente un trabajo?

26 Si a su pareja le ofrecen el trabajo de sus sueños en otra parte del país, ¿está listo para mudarse?

27 Alguna vez su trabajo ha sido motivo para romper una relación?

28 Cuál es tu nivel de educación? ¿Estás orgulloso de ello? ¿Quieres aumentarlo?

Entretenimiento

1   Te gusta viajar?

2   Dónde quieres viajar?

3   Cómo es un día ideal para ti?

4   Cuánto estás dispuesto a gastar en unas vacaciones?

5   Durante las vacaciones, ¿visita a su familia, se queda con amigos o disfruta de tiempo para usted?

6   Cuál es una pasión que hace feliz?

7   Con qué frecuencia desea viajar?

8   Cuánto dirías que gastas semanalmente en actividades de ocio?

9   A dónde te gustaría viajar?

10   Te gusta beber o ir a clubes de striptease...?

11   Le han causado aficiones significativamente diferentes que se separaran en el pasado?

12   Qué tan importante es para ti el tiempo a solas?

13   Qué os parece que me vaya de viaje con las chicas (chicos) durante unas se-

manas?

14   Qué tan importante es para ti pasar tiempo con amigos?

15   Cuál sería para ti la noche perfecta de fin de semana?

Gestión
financiera

1   Cuanto dinero ganas?

2   Cuáles son todas sus deudas personales actuales?

3   Estaría dispuesto a conseguir un segundo trabajo si tuviéramos problemas financieros?

4   Te estresas cuando te enfrentas a problemas financieros? ¿Cómo lidiar con el estrés?

5   Qué opinas sobre pedir dinero prestado?

6   Quién se hará cargo de los asuntos financieros de la casa?

7   Quieres ser rico? ¿Qué tan importante es el dinero para ti?

8   Vamos a tener un presupuesto?

9   Quién pagará las cuentas?

10   Crees en establecer un presupuesto familiar?

11   Eres más ahorrativo o derrochador?

12   Vamos a ahorrar dinero como una prioridad?

13   Qué tan bien crea sus presupuestos?

14   Firmamos un certificado de preboda antes de la boda?

15   Se siente cómodo haciendo un presupuesto juntos para nuestra vida de casados?

16   Quién se hará cargo de los asuntos financieros del hogar?

17   Le gustaría que establezcamos una cantidad específica que estamos dispuestos a gastar cada mes?

18   Estarías bien con solo que tú seas empleado de nosotros dos?

19   Cuál es tu opinión sobre cómo gastar el dinero?

20   Qué pasaría si ambos quisiéramos algo pero no pudiéramos pagar los dos?

21   Crees que es importante ahorrar para la jubilación?

22   Fue el dinero una gran parte de tus relaciones anteriores? ¿Pagaste por todo? ¿O tu pareja pagó todo?

23   Eres bueno con el manejo de las finanzas como los impuestos? ¿Quién de nosotros estaría haciendo los cálculos?

24   Cómo manejaremos las finanzas - gastos después de la boda?

25   Prefiere cuentas bancarias separadas o activos a diferentes nombres? ¿Por qué?

26   Tienes alguna deuda? Si es así, ¿cómo lo estás resolviendo?

27   Te gustaría dividir todo el dinero con tu pareja o dividir el dinero en diferentes cuentas?

28   Cómo te sientes acerca de gastar dinero?

29   Cómo te sientes acerca de ayudarme a pagar mis deudas?

30   Tiene alguna otra obligación financiera con otra persona por motivos legales o morales que deba conocer?

31   Crees que es importante ahorrar para la jubilación?

32   Con qué frecuencia utiliza tarjetas de crédito y qué compra con ellas?

33   Cómo debemos prepararnos para una emergencia financiera?

34   Cuáles son sus sentimientos acerca de ahorrar dinero?

35   Estaría dispuesto a conseguir un segundo trabajo si tuviéramos problemas financieros?

36   Qué justifica la deuda?

37   Qué es económicamente importante para ti: tener una casa, un buen auto, un negocio, ropa costosa, viajar?

38   Qué es más importante para ti, el tamaño de la casa, el piso o su ubicación?

39   Cuál es su opinión sobre cómo ahorrar dinero?

40   Estás pensando en comprar una casa - piso o alquilar?

41   Se ha utilizado alguna vez el dinero como medio de control en sus relaciones

pasadas, por alguna de las partes? ¿Se separaron por dinero?

Administrar
conflictos

1   Puedes dar un ejemplo de un conflicto que tuvimos que creas que hemos resuelto?

2   Estaría dispuesto a ir a terapia matrimonial si tuviéramos problemas maritales?

3   Qué sería inaceptable en caso de disputa?

4   Si hay un desacuerdo entre tu familia y yo, ¿de qué lado eliges?

5   Cómo manejas los desacuerdos?

6   Cómo lidiaba tu familia con los conflictos mientras crecías?

7   Cómo sueles expresar tu enfado?

8   Cómo podrías comunicar que no estás satisfecho sexualmente?

9   Cuál es su estilo de conflicto (compromiso, confrontación - evitativo, adaptable...)?

10   Cuál es la mejor manera de manejar los desacuerdos en un matrimonio?

11   Cómo te comportas durante un con-

flicto?

12   Cómo puedo comunicarme mejor contigo?

Religión y
espiritualidad

1	Tomas decisiones de vida basadas en tus creencias religiosas?

2	Vas regularmente a un lugar de culto?

3	Cuáles son sus creencias espirituales o religiosas?

4	Crees en Dios? ¿Qué significa esto para ti?

5	Participa en prácticas espirituales fuera de la religión?

6	Es un problema si tienes ideales políticos diferentes a los de tu pareja?

7	Es importante que tú y tu pareja compartan las mismas creencias religiosas?

8	Es importante para usted que sus hijos sean educados en su religión?

9	Es un problema si tienes creencias espirituales diferentes a las de tu pareja?

10	Tienes una religión? ¿Es una parte importante de tu vida?

11	Es la espiritualidad parte de tu vida

cotidiana y práctica?

12   Oras o participas en ciertas actividades espirituales con regularidad?

13   Te consideras una persona religiosa?
¿Una persona espiritual?

14   Esperas que tu pareja participe en tu
religión?

15   Qué tan importante es para usted
observar una práctica espiritual o religiosa?

16   Qué tan involucrado estás en tu comunidad espiritual o religiosa?

17   Quiénes son las personas más importantes para ti?

18   Crees en la vida después de la
muerte?

19   Su religión impone alguna restric-
ción de comportamiento (dieta, ropa,
social, financiera, estilo de vida...) que
pueda afectar a su pareja?

20   Alguna vez la religión o la práctica
espiritual han sido motivo de ruptura de

una relación?

21   Qué expectativas tiene con respecto a la participación de su pareja en sus actividades espirituales o religiosas?

22   Espera que sus hijos se críen en una fe espiritual o religiosa en particular? De ser así, ¿cómo sería eso?

Salud

1   Qué puedes decir sobre tu estado de salud actual?

2   Cómo te sientes acerca de nuestro examen físico completo antes del matrimonio?

3   Hay enfermedades graves en su familia: trastornos genéticos, mentales,

4   Alguna vez ha tenido una enfermedad grave o una cirugía?

5   Crees que cuidarte a ti mismo y tu salud física y mental es fundamental?

6   Hay algún trastorno genético en su familia o antecedentes de cáncer, enfermedad cardíaca o enfermedad crónica?

7   Te opondrías al tratamiento de salud mental?

8   Tienes algún tipo de alergia?

9   Si tuviera que cambiar su dieta debido a problemas médicos, ¿estaría dispuesto a cambiar la suya?

10   Estás dispuesto a hacer ejercicio con tu pareja para mejorar nuestra salud?

11   Tienes seguro médico?

12   Cómo te sientes acerca de las vacunas?

13   Alguna vez has sufrido de un trastorno alimentario?

14   Tomas algún tipo de medicación?

15   Alguna vez ha sido tratado por un trastorno mental?

16   Tienes algún tipo de adicción?

17   Te gustan los deportes? ¿Cuáles? ¿Quieres practicar algo con tu pareja?

18   Alguna vez estuvo hospitalizado? Si es así, ¿para qué?

19   Tiene alguna condición que pueda ser un problema diario, como problemas gastrointestinales?

20   Alguna vez rompiste con alguien, o alguien rompió contigo por problemas relacionados con la salud?

21   Tiene algún problema de salud que interfiere con su vida sexual?

22   Tiene seguro médico y seguro den-

tal?

23   Alguna vez ha estado en una relación física o emocionalmente abusiva?

24   Es el ejercicio una actividad regular para usted? ¿Estás buscando que sea parte de tu día?

25   Sigues una dieta o algunas pautas, o simplemente comes lo que sea, cuando sea?

26   Tienes algún hábito como fumar o beber? En caso afirmativo, ¿con qué frecuencia? ¿Está afectando su salud? ¿Cuánto dinero gastas en tales hábitos?

27   Tiene un problema médico que afecta su capacidad para tener una vida sexual satisfactoria?

Preguntas
adicionales

1   Qué tipo de libros te gusta leer, qué tipo de música de películas te gusta?

2   De dónde sacas tus noticias?

3   Crees lo que lees y ves en las noticias, o te preguntas de dónde viene la información?

4   Mantiene una tradición familiar en torno a ciertas fiestas?

5   Qué importancia tienen para ti las fiestas de cumpleaños?

6   Tienes un coche? Si no, ¿piensas en tener uno?

7   La cultura popular tiene un impacto importante en tu vida?

8   Cuál es tu estilo de música favorito?

9   Te diviertes con los amigos más cercanos de tu pareja?

10   Qué tipo de estilo de moda tienes?

11   Alguna vez has perdido una amistad a causa de una relación? ¿Alguna amistad ha sido motivo para romper una relación?

12   Prefieres tener una relación cercana con tus vecinos?

13   Cómo calificarías las prioridades en tu vida: pareja, escuela, amigos, hobbies, trabajo, familia, ?

14   Prefieres un horario de trabajo continuo o horarios flexibles?

15   Supongamos que está experimentando problemas en su matrimonio, ¿a quién buscará ayuda?

16   Cómo puedes apoyar los pasatiempos de tu pareja?

17   Hay algo de lo que te arrepientas de no poder hacer o lograr si te casas con tu pareja?

18   Eres una persona físicamente cariñosa?

19   Cuál es tu estación favorita del año?

20   Qué es lo que realmente te enoja? ¿Qué haces cuando estás realmente enojado?

21   Qué te hace más feliz? ¿Qué haces

cuando estás feliz?

22   Es un problema si tiene que trabajar con miembros de múltiples etnias, culturas y creencias?

23   Cuál sería su reacción si su hijo saliera con alguien de otra nacionalidad, etnia u opiniones políticas?

24   Cuando estás de mal humor, ¿cómo debe tratarte tu pareja?

25   Cuál es tu opinión sobre tener una mascota?

26   Si tu pareja tuviera una mascota, ¿estarías dispuesto a cuidarla aunque no te gustara?

27   Te gusta la cultura pop?

28   Con qué frecuencia te encuentras con tus amigos? ¿Hablas regularmente? ¿Mensaje de texto o por teléfono?

29   Tienes un amigo cercano del sexo opuesto? ¿Sería un problema si tu pareja tiene uno?

30   Qué es primero: los amigos o tu rel-

ación sentimental?

31 Alguna vez te has negado a ayudar a un amigo en necesidad? Si es así, ¿por qué?

32 Es la música una gran parte de tu vida o rara vez la escuchas? ¿Cuál es tu género favorito?

33 Es una mascota solo un animal domesticado o un miembro de la familia?

34 Intenta reservar tiempo para involucrarse en su comunidad local?

35 Qué temes?

36 Hay alguien cercano a ti que sienta que no deberíamos casarnos? ¿Por qué? ¿Deberíamos hablar de esto?

37 Tienes algún prejuicio racial?

38 Se crió en una familia con valores tradicionales?

39 Es importante tener un espacio propio en casa?

40 Es importante para ti acumular dinero?

41   Crees en los acuerdos prenupciales?

42   Cuál es tu opinión sobre el racismo?

43   Sacrificarías algo de tu propia felicidad y seguridad financiera para ayudar a alguien más?

44   Está dispuesto a respetar la cultura y las tradiciones de otra persona incluso si no está de acuerdo con ellos?

45   Es un problema si tiene que trabajar con miembros de múltiples etnias, culturas y creencias?

46   Alguna vez le robaron o fue víctima de un crimen violento?

47   Alguna vez han entrado en su casa? ¿Se mudó después o todavía vive allí?

48   Eres una persona justa?

49   Es una fuerte atracción física una necesidad para que te conectes profundamente con tu pareja?

50   Deseas ser visto siempre como atractivo?

51   Cuánto tiempo te lleva superar un

insulto?

52 Son las mujeres simplemente mejores en las tareas del hogar como cambiar el pañal de un bebé? ¿Solo los hombres deben saber manejar un martillo?

53 Qué opinas de las redes sociales?

54 Te gustan los perros o los gatos?

55 Cómo celebras cuando sucede algo importante?

56 Cuál es tu mayor limitación?

57 Qué tipo de programas de televisión te gusta ver?

58 Cuál es el mejor regalo que te ha dado tu pareja?

59 Te consideras una persona respetuosa de la ley? ¿Alguna vez ha sido arrestado? ¿Si es así por qué?

60 Alguna vez has estado en la cárcel? ¿Si es así por qué?

61 Colaboras con tu comunidad local en proyectos para personas sin hogar u otros grupos desfavorecidos?

62   Haces un esfuerzo por mantener ordenado tu bloque de apartamentos?

63   En general, ¿diría que es respetuoso de la ley?

64   Cuál sería su reacción si su hijo saliera con alguien de otra nacionalidad, etnia u opiniones políticas?

65   Ha tenido que romper con parejas anteriores debido a diferentes puntos de vista sobre raza, etnia, cultura u otros conceptos asociados?

66   Hay personas cuyas opiniones realmente no valoras en absoluto?

67   En general te sientes seguro de ti mismo? ¿Estás dispuesto a probar cosas en las que aún no eres tan hábil?

68   Hay algo, en particular, que no te gusta de ti? Físico o de otro tipo.

69   Alguna vez ha sido acusado de un delito?

70   Cuál es tu mayor fortaleza?

71   Consideraría la cirugía plástica para

"arreglar" algo que ve como una imperfección?

72 Usas maquillaje? ¿Cuánto cuesta? ¿Con qué frecuencia? ¿Cuánto tiempo te lleva aplicarlo? ¿Cuánto dinero gastas en ello?

73 Se enojaría o se sentiría insatisfecho si ganara una cantidad notable de peso?

74 Estás realmente en contacto con la moda? ¿Cuánto gastas en ropa?

75 Alguna vez has donado a una organización benéfica? ¿Que tipo?

76 Te ofrecerías como voluntario para una causa en la que crees?

77 Eres rápido para juzgar a las personas?

78 Qué podría hacer tu pareja en el futuro que despierte tu desconfianza?

79 Te sentirías cómodo transfiriendo todo tu dinero a la cuenta bancaria de tu pareja?

80 Estás seguro de que mantendrás la

confianza en tu pareja pase lo que pase?

81   Ha habido ocasiones en las que no se sintió cómodo con la forma en que su pareja se comportaba con el sexo opuesto? Si es así, ¿cuándo y qué hizo?

82   Tu diferencia con tu pareja podría ser fuente de conflicto en el futuro?

83   Hay algo en el matrimonio que te asuste?

84   Qué te hace sentir más inseguro? ¿Cómo lidias con tus inseguridades?

85   Qué te hace más seguro?

86   Qué días festivos crees que son los más importantes para celebrar?

87   Qué tipo de comida te gusta comer?

88   Qué tipo de pasatiempos tienes?

89   Tienes un perro, gato u otra mascota?

90   Crees que una persona debería renunciar a su mascota si se interpone en el camino de la relación?

91   Consideras que tus mascotas son

miembros de tu familia?

92 Es importante para usted involucrarse con su comunidad local?

93 Son las mujeres simplemente mejores en las tareas del hogar como cambiar el pañal de un bebé? ¿Solo los hombres deben saber manejar un martillo?

94 Ha tenido que romper con parejas
anteriores debido a diferentes puntos de
vista sobre raza, etnia, cultura u otros
conceptos asociados?

95 Qué te da miedo?

96 Qué mata tu alegría y tu pasión?

97 Qué te hace sonreír en tiempos
difíciles?

98 Qué te hace sentir más vivo?

99 Dirías que tienes un mejor amigo o
varios mejores amigos? ¿Cómo conociste
a? ¿Qué es lo que más aprecias de ellos?

100 Cree que se debe reservar cierta cantidad de dinero para el placer, incluso si
tiene un presupuesto ajustado?

101 Ha sido alguna vez la condición financiera una razón para romper una relación?

102 Es importante para ti que tu pareja acepte y quiera a tus amigos?

103 Es importante para usted y su pareja tener amigos en común?

104 Haces nuevos amigos con facilidad?

105 Cuál es la relación más larga que has tenido? ¿Por qué terminó y qué lección aprendiste?

106 Alguna vez ha buscado consejería matrimonial? ¿Qué te enseñó la experiencia?

107 Qué tan importante es para ti lucir siempre lo mejor posible?

108 Qué tan importante es el aspecto de tu pareja?

109 Te preocupa envejecer? ¿Te preocupa perder tu apariencia?

110 Si un amigo te necesita, ¿puede contar con tu apoyo?

111 Participas a menudo en proyectos comunitarios?

112 Crees que es importante contribuir con tu tiempo o dinero a la caridad?

113 Qué tipo de organizaciones benéficas le gustaría apoyar? ¿Hacéis algún tipo de donación? ¿Cuál?

114 Alguna vez ha servido en el ejército?

115 Hay responsabilidades del hogar que usted cree que son dominio exclusivo de un hombre o una mujer? ¿Por qué cree esto?

116 Crees que los matrimonios son más fuertes si la esposa deja la mayoría de las decisiones a su esposo?

117 Qué tan importante es la igualdad en el matrimonio? Define lo que entiendes por igualdad.

118 Cree que los roles en su familia deben ser ocupados por la persona mejor equipada para el trabajo, incluso si se trata de un arreglo poco convencional?

119 Te gusta ir a conciertos?

120 Te gusta ir a museos o exposiciones de arte?

121 Te gusta bailar?

122 Te gusta ver TV?

123 Hay alguna época del año en la que esté más involucrado en actividades como el fútbol, el baloncesto u otros deportes?

124 Es importante para usted asistir a eventos sociales con regularidad o rara vez?

125 Sales al menos una noche a la semana o prefieres divertirte en casa?

126 Te consideras un buen conductor?

127 Te gusta cocinar? ¿Qué tipo de comida te gusta comer?

128 Su ambiente de trabajo discrimina a alguna etnia?

129 Tiene un buen aprecio por la comida, o es más como un "combustible" para pasar el día?

130 Haces tiempo para comer en una mesa o siempre tienes prisa?

131 Eres un buen cocinero? Si no, ¿esperas que tu pareja cocine?

132 Es una necesidad que comas con tu pareja?

133 Cómo se sentiría si su hijo estuviera saliendo con alguien de otra raza o etnia? ¿Del mismo sexo? ¿Cómo te sentirías si él o ella se casara con esta persona?

134 Es usted consciente de sus propios prejuicios raciales y étnicos? ¿Cuáles son? ¿De dónde vienen?

135 Tener diferentes etnias ha sido alguna vez una fuente de tensión y estrés para usted en alguna relación?

136 Cuáles eran los puntos de vista de su familia sobre la raza, el origen étnico y las diferencias?

137 Es importante para usted que su pareja comparta sus puntos de vista so-

bre la raza, el origen étnico y las diferencias?